Câmara escuro

copyright Moacir Amâncio
edição brasileira© Hedra 2022

edição Suzana Salama
assistência editorial Paulo Henrique Pompermaier
revisão Renier Silva
vocalização do hebraico Eliana Langer
capa Lucas Kroëff

ISBN 978-65-89705-27-7
conselho editorial Adriano Scatolin,
Antonio Valverde,
Caio Gagliardi,
Jorge Sallum,
Ricardo Valle,
Tales Ab'Saber,
Tâmis Parron

Grafia atualizada segundo o Acordo Ortográfico da Língua Portuguesa de 1990, em vigor no Brasil desde 2009.

Direitos reservados em língua portuguesa somente para o Brasil

EDITORA HEDRA
R. Fradique Coutinho, 1139
05416–011 São Paulo SP Brasil
Telefone +55 11 3097 8304
editora@hedra.com.br

Foi feito o depósito legal.

Câmara escuro

Moacir Amâncio

1ª edição

São Paulo   2022

Sumário

CÂMARA ESCURO. .9

O lugar 11

Marca. 12

Releixo. 13

Contorno. 14

Pássaro 15

A luz. 16

O ao olho 17

Folha 18

Pétala. 19

Câmara escuro. 20

Descrever 21

Havia 22

Deserto 23

Que a deriva. 24

Intocada 25

Sólito 26

De que 27

Do olho 28

Shin Shifra 29

Manuscrito 30

A ferramenta 31

Nula 32

A escrita 33

A dispersão 34

Ouro 35

Deslizante 36

Pela escala 37

Escalar o horizontal 38

Romper 39

O olho 40

Lapso 41

Mancha de cores 42

Uma gota 43

Contra 44

Os arquivos 45

A romã 46

A, vista 47

O inseto 48

Simultânea 49

A luz 50

A xícara 51

Flecções 52

Ela 53

Círculo 54

Visibilidade 55

Nó cego 56

No mirtilo 57

SUMÁRIO

Desconhecida 58

Entras 59

Teus anversos 60

Em ostra 61

Caso a chuva 62

Estrela 63

Corvo na pele 64

לְפִי רַבִּי יִשְׁמָעֵאל (Segundo Rabi Ismael) 69

Orbe 70

O que não 71

Ponte imóvel 72

Ponte vazia 73

A neblina 74

O cinza 75

O vento 76

A meio caminho 77

A estrutura de luz 78

Vermelho 79

Água em cacos 80

Moacir Amâncio (Espírito Santo do Pinhal, SP) é autor de *Ata* (Record, 2007), que reuniu oito livros de poemas publicados e inéditos, a partir de *Do objeto útil* (Iluminuras, Prêmio Jabuti 1993), e de *Matula* (Annablume, 2016). Também publicou estudos sobre ficção e poesia, artigos e reportagens em jornais e revistas. Depois de atuar na imprensa, ingressou na Universidade de São Paulo (USP), onde é professor titular de Literatura Hebraica e publicou *dois palhaços e uma alcachofra* (Nankin, 2001) e *Yona e o andrógino* (Nankin/ Edusp, 2010). Traduziu poesia de autores israelenses como Yehuda Amichai, Ronny Someck, Tal Nitzán, Amir Or, Natan Zach, Michal Held-Delaroza, mais representantes da literatura hebraica medieval e pré-israelense. Da prosa, também traduziu Aharon Appelfeld, Amós Oz e Micha Berditchevski.

Câmara escuro reúne 65 poemas. A *câmara*, que dá título ao livro, remete a um espaço de ressonância, onde o ritmo das frases revela o mundo através de suas frestas, ângulos e arestas. Os sons, imagens, memórias e sensações reverberam na câmara de ecos. A palavra e a imagem, o escuro e o claro, a presença e a ausência se entretecem como se fossem projetadas umas pela outras.

Roberto Zular é autor dos textos de capa de *Câmara escuro*. É professor de Teoria Literária e Literatura Comparada na USP. Desde 1993 dedica-se aos escritos de Paul Valéry e sua recepção entre os poetas brasileiros, o que o levou ao estudo da poesia moderna e contemporânea.

Câmara escuro

1

o lugar se mobilize
em ângulos
a sombra

nega a lua
nela
dobrada

estar atrito
entre o riso
e um peixe vago

ponto avulso
o fio d'água fende o olho

marca de mão a luz
no ar escrita

mergulha
fito
o astro

persistente vazio
com paisagem

releixo

a água golpeia a lua
descreve a luz

a treva
da trama
o claro em fatias

contorno de asa
ao redor
da cor

desvenda-se
o copo
d'água

pássaro
num clarão
solúvel

o olho
em prismas
fere a rocha

a luz que nela reflete
e a torna quase capaz

no conter além de si
do nunca se faz espera

delimitar o vazio
considera preencher algo

de outro algo pleno vazio

o ao olho se acrescenta
imóvel toque

rastro mas lampo apaga
e a segunda luz
provoca

folha
submersa

no
olho

expande
a desinência

líquida
e lua

pétala
de ilimitado espaço

a mão
venta o deserto

câmara escuro

na produção
de cores
a
falha
do cristal

descrever uma sombra
compõe quadros –
espaço que se fecha
em andamento

a sombra não provém
da luz mas
de si mesma

emana escurecendo

havia quantas letras nesse espaço
habitadas por gralhas

sobretudo
prontas
ao desfilar aqueles olhos

estrelas só clareiam
se escurecem

Deserto desinências,
nenhum inseto, apenas
o que nunca se vê.

Direita nem esquerda,
arriba nem abaixo
com o apagou-se o vento.

um corvo morre a encosta
inverso cornucópia
soma-se em não em não.

que a deriva acontece nele
mas ele não está
à deriva

talvez o vampiro
rumo sob
as águas

fora remo e mãos

intocada
a
terra – acesa?
permanece

absoluta
e ausência

sólito pousa o falcão
a extravasar os ponteios

o rubro não se conforma
abre-se em alas ou tons

restos que as garras voleios
claves presas tão vermelhas

vacilam o roxo e a quebra

de que
água vieram os cães

barrela
contra algumas nuvens

estrelas
derretem seus olhos

do olho poliedro
forma-se
        o sol todo

breve que desforma

a visão da mosca
foco se verá
num viés crisântemo

Shin Shifra[1]

aquelas frases
se estendem

leve sopro
na seda

vem de longe
oflux

pela areia
o escrito cílios

---

1. Poetisa e tradutora israelense. [N. A.]

manuscrito encontrado

e não
assim permanece

no ar
na água

concha a lesma
ausente

prumo

a ferramenta
trabalha o ar

falha capaz
de expor a lua

a árvore nesse vento
soletra-se

a

nula ficará do abutre
o mergulho no céu

o deserto unha de fome
soma total as sombras

a escrita na água
permanece movimento

prende-se

a mão inclinada
espera a chuva

a dispersão o granizo
a persistência

ninguém colhe
para o dia
nem para o sábado

ouro avesso
cada mão
um cipreste

quando o fogo

deslizante nas encostas
olhos pelo amplo silêncio
deságuam o mar de sal

brotam flores as encostas
pronta orquestra mutação
nenhum vento as organiza

somente a lua, se conta.

pela escala
do olhar

ascende
à chama

que ao
brilho

se vela

escalar o horizontal

passo a passo
em torno
ao redor
sempre a

a aranha

romper de asa
mão ao sol

migram migram voos na areia
rastros no ar

guardado nas ondas –
será desvio o horizonte

o olho se move ostra
a concha o céu nublado
pérola única e oculta
lúmina

a

lapso fragmento e círculo
o que dela projeta
esboça limites

vazio em expansão
a lua apenas vírgula
suposta soluça?

b

a luta
do iabôq

inda
que a manhã

inunda

2

mancha de cores
a letra propõe
e a rosa se faz diagonal

vermelha prova-se púrpura
quando nas bordas o suor

azul

breve balbucia

uma gota a lua
peixe pérola

desfeita interroga
a mão
       crustáceo

sob as águas decorre
além da sombra
o quê
se fixava

contra o vidro perpendicularmente
esgarça-se num olho mancha líquida
em campo aberto talho posto ao pronto
expandir do entreluz jogo de incavos
isso que se coloca espasmo a pálpebra

os arquivos
dentro da romã

investigá-los
letra a letra

tendo como
ponto e princípio

que o fora também é
miolo e casca.

a romã menos redondos
em vermelhos com castanhos

– lua fechada em luz

brilho
sementes a tua voz

a, vista consoante pelo todo
o abismo
sal
deserto à mesa,

permanece laranja, bandeja
um recorte azul
fruta

a

o inseto à flor d'água tateia o abismo
tal o pássaro

dunas nunca as mesmas
vento labirinto

branco ao rubro
borrões o sentido borrões

simultânea chama a libélula

ar e água o dragão se espelha
intocável
                    asas de sol

do relâmpago ao fósforo
a escrita móvel acorda os sons
em torno dela o navegar
                    levagante

forma espaço
a pata do cavalo no instante em que
solve na areia permanece

a luz
persiste no seu fora
chuva retida
a pérola

a xícara contém
apenas
uma xícara

visto como
esta palavra
giesta

varre a mesma
giesta

flecções

uma estrutura de luz não convence
com suas junções gritos mecanismos
ocultos dentro dela mesma e ponto

entretanto muito presente agora
quando considerada em algum plano
no qual se encontra isolada já pronta

sem romper os próprios limites dela
porta-se completude inteira quase
gelo fixa labareda conforme

ela pontualidade da bromélia
coloca-se a nordeste contra os peixes
e anuncia o crustáceo parentesco

asperosa propõe o rendilhado
em que se afia o aéreo colorido
dela assim que se estala nesta página

exposição qualquer não se pretende
apenas o avançar de letra a letra
pelos cortes os dentes os azuis

entre os quais pronto o ar se faz um gesto
e anuncia o crustáceo parentesco –
a despontualidade da bromélia

pela esquerda à direita de si mesma
pousa no agora o seu lugar incerto

círculo o não se põe
abstrato
com ângulos

esquinas
ao soar da flor sinuosa

visibilidade de um ouro
ao cair desespelha-se
a sílaba
       espalha o plural em transparência

nó cego

dentro do polvo
o escorpião
explica
movimentos

palmo a palmo
brotam azuis
pela escrita em branco

desfaz
não desfaz
a estrela grita
luz sem retorno

no mirtilo
não cabe
o nome a palavra

manto que cobre
por mãos

tão diversas

3

Desconhecida pelo nome científico, thunbergia
        [mysorensis e sua sinonímia hexacentris
mysorensis, pertence à família acanthaceae,
divisão angiospermae.
Navega entre a Índia e o universo
antes de adquirir feições de oceano em expansão
                        [natural.
Cruza do vermelho ao castanho
com engastes verdes
para justificar o sorriso.
Chove ao sol

entras nesta sala
e tudo inundas

o mar começa
em teus pés

são de água
esses teus passos

teus anversos desdobram coleções
as lâminas reflexos contra o chumbo
o se desfaz luz em folhas
cristal lacrado

em ostra o saber
a fala salsugem
o sol liquefeito
entre os lábios três
tantas eloquências
redondos cardumes
ardentias roxos
lagar os humores
desfeitos nas bocas
desfeitos nos brancos
gemidos a cal

caso a chuva persista
o incendiar as folhas
mais alto se fará

caminhar o ruído das chamas
teu contorno

estrela viva o triz
líquido permanece

na bateia sem mãos
onde a gota perfaz

a si própria e se expõe
à margem
do ar

4

corvo na pele

ver o céu. entretanto se inédito –
um clichê. renovado por si
nessa carne bem outra em comum
na corrente nas farpas moicanas
sempre sobre não dentro da pele
superfície no fundo que a cor
se revela mergulho sem volta
mais as nuances do negro degraus
mais um gesto a tornar o impossível
algo ao teu e também seu algum –
o dispor de um dragão uma flor
feita de ossos e plena de sons.

*

a incisão alicerça o qual mapa
vário rumo ao mais fora possível

extrair do veneno vital
o contido na seiva que urgente

a passagem nenhuma travessa
da sarjeta até a lua e o contrário

nesse fluxo total o sanguíneo
correm seta o viés todo o enxame

olhos vidros malfeitos pedaços
cada gota sorri celacanto

*

encontrar numa carne se exposta
evitando o gastar das anêmonas
visto dentro de quais discrepâncias
quem lo sabe já brota o relance
bem inglês de qualquer dinamarca
visto o corvo se esbate na pele

*

os insetos em nó numa agulha
por ser única escrevem completo
esse mesmo glossário palavras
pespontadas se fixam matéria
na pletora das déboras feras
de uma vez louquecidas penélopes
a mesmice somada a outro igual
a escrever dicionário sentidos
em que os termos se livram de si
e se juntam em frases a cor.

*

de onde os muitos embaçam o voo
confundindo essa luz a eles mesmos.

vão balenos. tão plenos. Somemos
ou quiçá de escrever não se trata
pois leitura treinada refém
sendo o método sempre reparte
num fisgar sempre após e vem rente
cada ponto será novo menos
expalavras não prontas fazendo
a si mesmas da coisa o requinte
o dragão e outros monstros pletora
feito carne eles sangram e ficam
para o mais até a luz se apagá-los
do estertor e comum fica o quis

*

nunca pode picar esse insecto
na segunda o que foi hoje sexta
mas então este ponto terá
um sentido diverso no agora
sendo o espanto se crava com raio
recomeço do vago abre o livro
a partir de qualquer estocada
ao bater a mecânica fúria
a investir o seu sol na romã

*

talho torna-se aberto o motivo
pelo qual foi banida tal prática
na primeira escritura velada
no correr da fatura agonia
imitar tão completo escrever
deixa a cópia de lado equipara
a costura o bordado contudo
a propor qualquer nova feitura

pergaminho tão carne que sangra
sem espera só ponto final

*

sim então vem ao caso trocar
nova pele matéria vencida.
cada ponto floresce no rito
e contrato lavrado mil volts
volta igual as histórias não são
mal repicam contrários enfim
vezes ponto retine a si tanto
descantar responder cantochão
do seu doido seguir num deserto
o vermelho mal brota da areia
nele está certa forma o vermelho

*

começar pelo plano vazio
estrutura crescida osso a osso
com os dentes mecânicos quais
uma fome roer a si próprios
dos marfins restará coisa alguma
a não ser a retorta ossatura
para os brindes antigos reserva
os vampiros o pórtico o fogo
de uma sarça comer as areias

*

o mover crepitante dos ratos.
regurgitam abrôlhos em festa
esses cães o perfeito cianeto
sob a chuva por falsos contrastes

a não ser vagabundos luar
palimpsestos. estrelas. Lagunas

*

a costura. fagulha. não nunca
o prender mas corrente uma gralha
permanente por veste um adorno
a palavra tornada matéria
pela mão em seu transe desponta
a minúcia revela o que nunca
ao teu olho se expor deveria
porta aberta não fecha jamais

לְפִי רַבִּי יִשְׁמָעֵאל
כַּאֲשֶׁר שְׁנֵי מַאֲמָרִים
סוֹתְרִים זֶה אֶת זֶה
הַפִּיתְרוֹן נִסְתָּר בַּמַּאֲמָר הַשְּׁלִישִׁי.

אוּלַי זֶה מְסַמֵּן שֶׁכַּאֲשֶׁר
אִי אֶפְשָׁר לְפָרֵשׁ מִלִּים
בְּאֵיזוֹ שָׂפָה
מוּכְרָחִים לִמְצוֹא אֶת סוֹדָן
בְּשָׂפָה אַחֶרֶת.

בִּגְלַל זֶה מִישֶׁהוּ אָמַר
אַלִּיבָּא דְּרַבָּנָן
כַּנִּרְאֶה
הַפֵּרוּשׁ נִמְצָא בַּמִּלִּים הַבָּאוֹת

וְתוּ

לָא[2]

---

2. segundo rabi ismael/ no que dois dizeres/ se contradizem/ a solução oculta-
se/ num terceiro texto/ talvez insinue/ se impossível explicar palavras/ em certa
língua/ temos de encontrar o segredo delas/ em outra língua qualquer/ por isso
alguém disse/ com base em nossos mestres (rabis)/ aparentemente/ acha-se
um explicar/ nas palavras seguintes/ e mais/ não

5

orbe xacro
sem paredes

prende dentro
derredor

diária lenda
não decifra

abre em cores
só se esfera

água turva
bate o marmo

gota a gota a
noite aflora

o que não varre a chuva?
a nuvem a montanha

o rio o vento o mar
o que não lavra a chuva?

a nuvem a neblina
em sua escrita reescrita

ousadíssima centopeia

ponte imóvel sobre o rio
aguarda o passar
de pessoas e seus trastes

porém só as águas passam
com o burburinho
que companhia!

ponte vazia sobre o rio
a raiva do vento

os ramos dos salgueiros
látegos sem rumo

também são os uivos

a neblina apaga a distância
abre um mundo
entre todas as coisas

olhar a neblina
única presença
tão invisível

o cinza do dia chuvoso
não mancha o pêlo

do gato cinzento
nem o molha

ali perto do fogo
nem branco nem preto

como se arrisca êle

o vento sopra
com tanta força
a chuva acende

toda uma acácia
esplende o céu
gagos relâmpagos

de que importa a garganta do tempo

a meio caminho do meio dia
entre colunas vermelhas
e cordões dourados

a flor brota
                  súbito
do tilintar da montanha

– ninguém – mas por quê?

a estrutura de luz
em aço se coloca

pronta dentro
nela própria

gelo fixa labareda
conforme

vermelho prova-se púrpura
ou as bordas o suor

o azul
breve balbucia

água em cacos
sob o fio de lua

soletra-se o
olho

Adverte-se aos curiosos que se imprimiu este livro na gráfica Meta
Brasil, em 20 de julho de 2022 em papel pólen soft, em tipologia
Minion Pro, com diversos sofwares livres, entre eles, LuaL\TeX, git.

(v. 4e0cc15)

202207280500544